ORDRE DU JOUR

SUR LA

CORRUPTION ÉLECTORALE

ET PARLEMENTAIRE.

PAR

TIMON.

La corruption agit, la tribune est muette, et la parole est à la presse.

SEPTIÈME ÉDITION.

PARIS,

PAGNERRE, ÉDITEUR,

RUE DE SEINE, 14 BIS.

—

1846

ORDRE DU JOUR

SUR LA

CORRUPTION ÉLECTORALE

ET PARLEMENTAIRE.

TYPOGRAPHIE
SCHNEIDER ET LANGRAND,
rue d'Erfurth 1.

ORDRE DU JOUR

SUR LA

CORRUPTION ÉLECTORALE

ET PARLEMENTAIRE.

PAR

TIMON.

SEPTIÈME ÉDITION.

PARIS,

PAGNERRE, ÉDITEUR,

RUE DE SEINE, 14 BIS.

1846

AVERTISSEMENT DE L'ÉDITEUR (1).

Depuis quinze ans, à chaque dissolution de chambre, Timon a lancé les flèches redoutables du pamphlet contre l'abus du jour. Jamais sa plume n'a manqué aux amis de la liberté et de l'économie publique. Trente-cinq millions que les courtisans eussent dévorés, et qu'il a épargnés aux sueurs des contribuables, tant de questions de politiques, difficiles et abstraites, par lui élaborées et mises au net, toutes les vérités fondamentales du gouvernement représentatif sur l'origine du Pouvoir, sur les deux Chambres, sur la Presse, sur les Finances, sur la Réforme, sur le Conseil d'État, sur le Cumul et les Sinécures, sur l'Interprétation des lois, sur la Centralisation, sur les Élections, sur l'Administration municipale, sur les Dotations, sur l'Instruction des

(1) Au moment où nous mettons sous presse la quatrième édition, 12,000 exemplaires ont été enlevés ; 46 journaux de Paris, 50 journaux des départements ont déjà donné à ce petit écrit plus de 200,000 lecteurs. Nous espérons qu'il réveillera l'esprit public et qu'il excitera les électeurs patriotes de tous les collèges de France à se rendre exactement à leur poste. C'est pour eux une nécessité de première obligation à laquelle ils ne sauraient se soustraire sans trahir véritablement leur devoir ; car ils peuvent être assurés qu'aucun des électeurs vendus ou prêts à se vendre, traînés par les agents de la corruption électorale, n'y manquera.

pauvres, expliquées dans leurs principes et organisées dans leurs déductions, ce sont là des services trop éclatants pour qu'on puisse les oublier, même dans le pays de la terre le plus oublieux

Déjà Armand Carrel appelait Timon, il y a dix ans, « l'écrivain le plus populaire de France. » Populaire, nous appuyons sur ce mot, non pas parce qu'aucun pamphlétaire n'eut jamais tant de lecteurs dans toutes les classes, mais parce qu'il n'y a pas un de ses écrits qui n'ait pour but, pour unique but l'amélioration politique, matérielle, intellectuelle et morale des hommes laborieux et souffrants.

Aujourd'hui Timon rentre en lice, et il répand les vivacités de son indignation, et les arguments de sa sévère logique, sur la Corruption électorale et parlementaire, cette double plaie qui ronge, pour nous servir de ses expressions « le cœur et les intestins de la France. »

Puissent les rapides lueurs de ce petit pamphlet éclairer la conscience des électeurs! puissent-elles arrêter sur le bord de l'abîme ceux qui allaient y tomber! puissent-elles faire rougir plus d'un front vénal!

Les adhésions des honnêtes gens de toutes les opinions ne manqueront pas à Timon, de même qu'il doit s'attendre à subir les calomnies et les fureurs de la corruption dévoilée.

Au surplus, Timon a toujours préféré les diatribes de ses adversaires, aux panégyriques de ses amis; car il sait bien que l'injure a été de tout temps le signe, le lot, le privilége de la vérité.

PAGNERRE.

ORDRE DU JOUR

SUR LA

CORRUPTION ÉLECTORALE

ET PARLEMENTAIRE.

> La corruption agit, la tribune est
> muette, et la parole est à la presse.

Les Elections ont été, sont et seront toujours le pivot tournant du gouvernement représentatif.

Tout sort de l'élection et tout y rentre.

Et comme chaque institution, chaque chose et chaque homme, porte en soi le ver qui le ronge, les élections ont aussi leur ver rongeur, qui est la corruption.

C'est donc à empêcher la corruption électorale

et parlementaire dont l'une s'engendre de l'autre, que doivent tendre, dans ces sortes de gouvernements, les efforts de tous les honnêtes gens de toutes les opinions.

Y a-t-il une question de plus haute moralité politique, et qui soit plus à l'ordre du jour?

Pesons les principes et suivons-les de point en point, dans leurs conséquences logiques.

La souveraineté nationale réside par fractions égales, sur la tête des 35 millions de Français.

En d'autres termes, chaque Français est membre du souverain.

De même, en effet, que la propriété d'une maison existerait sur la tête d'un enfant, aussi bien que sur celle d'un homme ; de même qu'une reine constitutionnelle au maillot, régnerait avec la même plénitude de pouvoir qu'un Roi constitutionnel dans la force de l'âge, de même, il est facile de concevoir et d'admettre que la souveraineté nationale existe indivisément dans chacun des membres de la nation.

Mais pour mettre cette souveraineté en pratique, il faut nécessairement employer le procédé de la délégation.

La délégation constitue notre gouvernement, qui n'est appelé représentatif que parce qu'il est, en effet, à tous les degrés, une représentation continuelle.

Oui, tout chez nous, du haut en bas, est représentation, délégation, mandat.

Le roi n'est que le mandataire de la nation, les ministres ne sont que les mandataires de la chambre, la chambre n'est que le mandataire des électeurs, et les électeurs ne sont dans le système de la Charte et particulièrement de la loi du 19 avril 1851, où je renferme ici le débat, que les mandataires de tous ceux qui n'élisent pas.

Si donc, il n'y a sur 55 millions d'habitants que 220,000 électeurs inscrits, et de votants moins, beaucoup moins, chaque électeur se trouve être le mandataire légal de 175 habitants.

D'ailleurs, tout électeur, voire dans le système

du suffrage universel, ne serait qu'un mand
taire.

Voilà ce qu'il faut que chaque électeur ven
sache et entende à la pâleur de son front ! Voi
ce qu'il faut lui répéter, ce qu'il faut lui enfonc
comme un trait, dans le remords de sa conscienc

Il n'est qu'un mandataire ! Il n'est qu'un ma
dataire !

Nul n'a de droit propre dans notre pays, si (
n'est la nation, dont la souveraineté sur la terr(
comme celle de Dieu dans le ciel, n'a pas eu (
commencement et n'aura pas de fin.

Et, c'est parce que sa souveraineté n'a ni con
mencement ni fin, qu'elle ne peut ni se divise
ni s'aliéner, ni se prescrire, ni se corrompre,
mourir.

Aussi, les électeurs actuels, ces mandatair
légaux, doivent sans cesse se rappeler qu'ils
scrutinent pas en vertu d'un droit personnel ; q
chacun d'eux représente 175 autres Français
que la nation est derrière eux, qu'elle assiste a

délibérations de leur conscience, qu'elle les voit écrire leur vote, et qu'elle s'apprête à les juger. C'est donc une sainte et redoutable mission qu'il remplit, ce mandataire légal et privilégié, ce représentant de 175 personnes, lorsqu'il met le pied sur le seuil du collége électoral.

Non, il ne remplit pas bien son mandat, il fausse la loi, il trahit son pays, celui qui vote sous le coup d'une menace ou sous l'espoir d'une faveur;

Celui qui promet, qui aliène, qui livre son vote pour un bureau de poste ou de tabac, une bourse, une inspection de n'importe quel service, une décoration, un emploi, un grade, un avancement dans l'administration, l'armée de terre et de mer, les finances, la magistrature, l'instruction publique ;

Celui qui postule, à ce prix-là, la remise d'une amende encourue pour contravention ou délit ;

Celui qui donne son suffrage dans un intérêt d'arrondissement, de canton, de commune, pour obtenir une réparation ou construction d'édifice, un tableau, un secours d'argent, une route, une ligne de fer, un port, un chemin à établir ou à changer de direction, un canal, une chaussée, des travaux de toute nature;

. Celui qui se vend pour des dons, avances, remise de dettes ou prêt d'argent, pour des actions, primes ou intérêts d'entreprises, pour des promesses de fournitures, pour des autorisations de défrichement de bois, pour des desséchements de marais, pour des casernements de troupes, pour des ouvertures de rues, pour des débouchés de commerce, pour des affranchissements de droits et, généralement, pour toutes espèces possibles de faveurs personnelles ou locales.

Le système de l'intervention des ministres et de leurs agents dans les élections, a radicalement faussé, depuis trente ans, le gouvernement représentatif.

Tous en ont pâti, la Couronne, la Chambre,

es Ministres, les Fonctionnaires et le Budget.

La Couronne tout d'abord.

On a dit : Les ministres corrompent, donc le e roi corrompt. On a dit : Les ministres appellent leurs candidats les candidats du roi, donc si le roi a des candidats à lui, c'est-à-dire, des amis, il a aussi des candidats adverses qui sont ses ennemis ; et si les ennemis sont les plus forts, voilà le trône par terre, et c'est ce qui s'est vu sous Charles X.

Dans un pays où l'on remonte si facilement des ministres au roi, la Couronne n'a aucun intérêt à se mêler aux élections ni à ce qu'on soupçonne qu'elle y soit fourrée dans la personne des ministres : impossible entre les partis qui se disputent la chambre, elle n'a qu'à homologuer le jugement du pays qu'elle consulte, et à prononcer par l'organe de la nouvelle majorité parlementaire, le renvoi ou la continuation des ministres existants. Voilà le gouvernement représentatif, non pas dans l'absolu irréalisable d'une théorie, mais dans toute sa vérité !

Personne également ne souffre plus de ce déplorable système, que la Chambre prise dans ses deux grandes fractions, l'opposition et les centres.

Soyons ici franc envers tout le monde.

Ce n'est pas moi qui louerais l'opposition, si, au lieu d'aller à l'attaque des abus généraux et à la défense des principes, elle ne se préoccupait exclusivement que de questions de personnes ; si alors, elle se répandait sur la vie des fonctionnaires ; si elle s'évertuait en soupçons ; si elle disputait de centimes ; si elle se ruait sur les détails ; si elle colorait ses inimitiés du prétexte du bien public, et si elle se montrait pointilleuse, haineuse, hargneuse, intolérante, babillarde et méchante langue ; si, sur chaque fait dénoncé, sur chaque acte, sur chaque écrit, sur chaque employé, elle donnait ses doutes pour des affirmations, ses ouï-dire pour des enquêtes, ses accusations pour

es preuves; si elle prétendait qu'elle en sait
lus long qu'on n'en voudrait apprendre, mais
u'elle ne dira que la moitié de ce qu'elle sait; si
lle tendait des piéges, s'avançait, se retirait et
ouait avec le ministère un jeu de cache-cache.

De son côté, n'a-t-on pas vu la majorité nier
ardiment qu'il fît nuit en pleine nuit, et jour en
lein jour? Les moins honnêtes de parmi elle,
e coulent discrètement dans les bons profits,
ans les bons chemins de fer qui noient, brûlent et
isloquent les voyageurs; dans les bonnes adju-
ications sans concurrence, d'entreprises pour
a troupe, à gain sûr et à fortes primes; dans les
ons priviléges de théâtres, salles de concerts, ma-
éges et ménageries; dans les bons monopoles de
érimètres incirconscrits; dans les bonnes prises
'eau sur les rivières navigables; dans les bons
arais salés et dessalés; dans les bonnes exploita-
ions de houille, première qualité. Quelques-uns,
parfaits gentilhommes, ambitionnent de s'aller

asseoir au Luxembourg, sur le siége des Crillons, des la Rochefoucauld et des Montmorency, pensant, la larme à l'œil, que ce sera un bien beau jour, celui-là, pour les manants et remanants de leur village! Financiers, officiers, magistrats, ils alignent leurs chiffres, font leurs coups d'épée et gagnent leurs épices à la chambre; c'est là qu'est leur bureau, moins les commis et le registre de présence; leur champ de bataille, moins les canons et l'ennemi; leur tribunal, moins les audiences de relevée et les bavardages de maître Petit-Jean à ouïr.

Les plus honnêtes finissent par se persuader, tant leurs oreilles en tintent! que nos gouvernements, imités de l'Anglais, ne peuvent se mener, à l'instar de ces célèbres insulaires, sans un peu de corruption; qu'il n'est pas défendu de se permettre la façon d'un petit mal pour un grand bien, et qu'après tout, il n'y a peut-être pas d'autre moyen de sauver la monarchie; que d'ailleurs, il est assez juste qu'ils rendent ce qu'on leur a prêté, et que les électeurs ayant fait leurs affaires de députés, il est tout naturel qu'eux, députés, fassent à leur tour les affaires d'eux électeurs. Cela dit, ils s'en vont, d'antichambre en antichambre, user les banquettes d'attente, et tout essoufflés de leur course représentative, ils écrivent, ils expédient, ils mandent, ils dépêchent à leurs correspondants, bourses sur bourses, tabac sur tabac, postes, inspections, bustes, jugeries, promesses de salaire aux cupides, promesses de destitutions aux haineux, promesses de toute nature; plus de vacances de places qu'il n'y a d'employés dans le département, plus de bons à palper qu'il n'y a d'argent dans les coffres, plus d'hospices qu'il n'y a de malades, et plus de colléges qu'il n'y a d'écoliers.

La lettre part, elle arrive au père, elle arrive aux fils, elle arrive aux gendres, elle arrive aux petits-fils, elle arrive aux petits-gendres, elle arrive aux cousins, elle arrive aux oncles et aux tantes, elle arrive aux grands-oncles et aux grandestantes et à toute la lignée en droite ligne et en collatérale, jusqu'au degré non successible ; et on la colporte de porte en porte, et on la commente, et on la fait voir et toucher à tous les parents, amis et connaissances de tous ces électeurs qui pensent si bien, qui nomment si bien, et qui postulent si bien !

Si les choses ne se passent pas ainsi, qu'on me pende !

Oui, c'est sur le terrain de la corruption électorale et parlementaire que s'engagent et se ramènent sans cesse ces interminables débats entre l'opposition qui s'indigne, et les centres qui s'exclament.

— Vous corrompez !

— Nous ne corrompons pas.

— Vous intimidez les fonctionnaires !

— Nous n'intimidons personne.

— Voici les faits !

— Les faits sont inventés.

— En croirez-vous les preuves ?

—Il n'y a point de preuves.

—Vous défendez le ministère parce que vous voulez garder vos places !

—Et vous l'attaquez, vous, parce que vous voulez avoir les nôtres.

—Vous soutenez donc la fraude, la ruse , la séduction, la violence ?

—Non. Vous nous calomniez.

—C'est nous !

—Non !

—Si !

—Non !

C'est au milieu de ces aimables interruptions et de ces politesses si chevaleresquement échangées, que se passent les belles séances ; les autres fois ne valant absolument pas la peine qu'on y vienne.

Ah ! j'oubliais d'ajouter, que lorsque l'opposition et le ministère ont pris chaud à se gourmer dans ces pugilats d'injures, chacun des combattants, suiv de ses écuyers, va s'essuyer dans les eouloirs et se rafraîchir à la buvette; et de tout le reste de la séance il n'est plus possible d'entendre raisonner froidement les gens d'affaires, ni de discuter les systèmes d'administration, d'impôts et de gouvernement qui intéresseraient presque autant le pays.

Au surplus, si le fatal système de l'intervention à l'anglaise pèse sur quelqu'un, c'est sur les ministres.

Après s'être fait des électeurs à soi, on veut des députés à soi, et l'on s'arrange une majorité en façon de police.

Tout d'abord, et à la sautée de la diligence ou du coche, on se met en quête des cupidités besoigneuses. Chacun sait qu'il n'y a pas de Cincinnatus parlementaire, fraîchement débarqué, qui puisse tenir à Paris ses états représentatifs, avec 5,000 francs d'un revenu ébréché par l'impôt, les non-valeurs et les réparations, grosses et menues. Est-ce que madame n'ira pas à la cour, et qui lui passera sa robe de soie? Est-ce que l'on ne mettra pas les fils au collége, et qui payera le quartier de la pension ? O vertu d'un pauvre homme que l'on attaque de la sorte, pauvre vertu !

On a donc en magasin, comme les marchands de vieux galons, des habits tout prêts, des habits tout faits pour toutes les tailles, plus ou moins brodés. On sait que tel avocat rêve d'endosser le harnais de la magistrature ; que celui-ci a un gendre, un bon et excellent gendre à placer, et celui-là un fils, sujet de grande espérance, à mettre en bourse ; que tel arrivant raffole de pairie, et tel autre d'épaulettes ; que les uns, plus délicats sur le point d'honneur, aspirent à la chevalerie, et que les autres, plus positifs, inclinent à la fourniture.

Misérables expédients qui tournent contre les ministres eux-mêmes !

En effet, on ne s'attache pas à eux, en raison de ce qu'ils doctrinent, mais en raison de ce qu'ils fournissent. On veut bien venir au secours de la grande politique, pourvu qu'elle veuille bien, de son côté, venir en aide à notre petite fortune; on a devant soi, sur son pupitre, en guise de Code et de Charte, son bilan de services ministériels en partie double, le doit et le revient : tant pour les grognements sourds ; tant pour les bravos fortement accentués ; tant pour les apports et supports ; tant pour les conversions de couloirs ; tant pour les votes publics, vus, apparents et notés ! On reconnaît volontiers le haut talent, la haute éloquence, la haute vertu, la haute modestie, le haut système du ministre en exercice, mais on n'est pas insensible aux mérites intérieurs et extérieurs du ministre qui viendra après, et d'autant moins insensible qu'il viendra plus tôt.

Car si celui-ci vous a créé, sans que vous ayez rien fait pour, — juge en première instance, référendaire, colonel, maître des requêtes, pourquoi celui-là, celui qui doit venir, ne vous créerait-il pas, sans que vous ayez tout de même rien fait pour, — juge en cour royale, maître des comptes, général, conseiller d'Etat? Et si l'un,

le présent ministre, vous a aidé à marier made-
moiselle votre fille, avec une bonne place pour
monsieur votre gendre, pourquoi le ministre fu-
tur ne vous aiderait-il pas à marier monsieur
votre fils, à moins que vous n'en ayez deux, ce
qui ferait alors deux mariages au lieu d'un, de la
même manière et avec une place meilleure encore?

Bien fou le ministre qui s'imagine que les
députés des bancs de derrière voyagent avec lui,
pendant qu'il pérore sur le *lac français*, comme on
dit de la Méditerranée, ou qu'ils pénètrent avec
lui dans les mystères de la conjonction Trapani, ou
qu'ils s'occupent avec lui du *quoique* opposé au
parce que, ou du *qui gouverne*, lequel ne serait pas
le même, ou serait le même selon les goûts et les
avis, que le *qui règne;* ils ne s'occupent que d'une
seule chose, les députés de par derrière, et ils en
ont bien assez, c'est d'eux-mêmes !

Ne nous étonnons donc pas si, pour le choix
des députés, le ministère pousse, tant qu'il peut,
au fonctionnaire. Il vit, respire, se compose, se

décompose et meurt dans le fonctionnaire. Hors du fonctionnaire, il n'y a point de royauté ; hors du fonctionnaire, il n'y a point d'élections ; hors du fonctionnaire, il n'y a pas de parlement ; hors du fonctionnaire, il n'y a pas de religion, de citoyen, de patrie.

Fonctionnaires ministériels, anges gardiens, soyez les premiers dans nos litanies !

Fonctionnaires, saints fonctionnaires, priez pour nous, votez pour nous !

Saints fonctionnaires, manœuvrez pour nous, manœuvrez bien ; promettez pour nous, et, si vous le pouvez même, payez pour nous !

Saints fonctionnaires, nous vous implorons, sauvez-nous !

Et moi, qui voudrais avoir aussi ma part du sauvetage, j'invoquerais volontiers les mêmes saints, et j'y risquerais mon âme, si, pour sauveter les ministres, on ne perdait pas le pays.

Mais, hélas ! le pays se perd tristement dans ces voies. Le gouvernement central, cette force

l'État, se dégrade ; ce lien si nécessaire de
s mobilités, se relâche ; cette impulsion de
s organes agricoles, commerciaux et indus-
els, se ralentit et s'arrête. Le pouls adminis-
atif, dont les pulsations annoncent la vitalité
ondante et prospère du pays, ne bat plus. Les
éfets et les sous-préfets ne sont plus que des
ents politiques, envoyés et placés par le mini-
ère auprès des élections parlementaires, canto-
ales et municipales, dans l'intérêt personnel du
inistère, et non dans l'intérêt général de la
rance. Tel préfet, tel sous-préfet ne devrait
oir dans tous ses administrés, que des habitants
u même sol, tous égaux à ses yeux. Au con-
raire, il les divise, les subdivise, les classe et les
épartit entre amis et ennemis. Il a pour ceux-
i des sympathies, et des antipathies pour ceux-
à. Il pointe à l'encre rouge, sur son carnet, les
ons et les mauvais. Aujourd'hui, il persécutera
es amis de M. Thiers, au nom de M. Guizot. De-
main, il dénoncera les amis de M. Guizot, au nom de

M. Thiers. Le beau métier ! honnête surtout, et, de plus, conséquent, logique ! Eh, monsieur, occupez-vous plutôt d'aligner nos routes et de curer nos rivières !

Et ce juge de paix, qui, à travers la poussière du champ de foire, conduit le troupeau de·ses électeurs marchandés au bazar électoral, l'appellerez-vous aussi celui-là un bon père, un excellent père, qui aime du même amour tous ses justiciables ! Oui, il les aime jusqu'à griser avec du vin blanc ces glorieux membres du souverain, ces politiques consommés, ces savants illustres et champê·tres, qui tirent de leur gousset et qui écrivent dans le fond de leur chapeau, après un quart d'heure de réflexion et de bâtarde, le nom parfaitement inconnu qu'on leur a coulé !

L'impartiale conclusion, n'est-ce pas, que doit prendre le procureur du roi, et l'impartial jugement que doit rendre le président du tribunal, avant, pendant et après qu'ils se livrent et se sont livrés aux ardeurs fiévreuses de l'intrigue politique! Vous tuez du même coup l'administration et la justice! Vous découragez aussi la finance, l'armée et tout le reste des fonctionnaires, avec votre système de corruption rémunératrice !

A quoi bon, je vous le demande, d'aller braver le yatagan des Arabes, lorsqu'on peut, nonchalamment étendu sur les banquettes de la chambre, conquérir à la pointe d'un vote, tous les grades militaires? A quoi sert de suer, dans les cours d'assises, sous la toge, ou de chiffrer, à perte d'yeux, dans un bureau, pour que quelque juge ou quelque commis chambrier et centrier vous vienne voler le prix de votre temps, de votre expérience et de votre travail? Si ce n'est pas là ce que disent et ce que pensent tout bas tous les magistrats, tous les commis, tous les expéditionnaires, tous les garçons de caisse, tous les officiers, tous les fonctionnaires et tous les gardes-pêche qui ne sont pas députés et qui ne veulent pas l'être, qu'on me pende, je le répète, après m'avoir déjà pendu !

Car je le serai, oui, je vous dis que je le serai; oui, il ne reste plus à ceux qui se sont laissé gagner et corrompre dans les débauches du tripot fonctionnocrate et qui voudraient m'empêcher de le dire, qu'à m'accrocher, en sortant de là, à la potence, et que de me tirer par les pieds pour étouffer dans ma gorge le dernier cri de la conscience et de la vérité!

Il faut voir comme les gens qui ont la main habile, vous manipulent la matière à 200 francs ! il faut voir comme ou vous pétrit cette pâte dans le pétrin électoral !

Il n'y a pas de bourgeois électeur vivant pauvrement de ses fermages, rentes ou revenus, qui n'ait le désir et le besoin de placer un fils ou un gendre, quelquefois deux ; il n'y en a pas un qui ne dise : Avec ces gens de l'opposition, ces grognards grognants, ces ours mal léchés, ces vrais loups-garous, vous voilà bien avancés ! on n'obtient rien. C'est là le cri de tous les bourgeois électeurs : On n'obtient rien ! on n'obtient rien !

Ce que le ministre fait en grand à la chambre des députés, le sous-préfet de l'arrondissement le pratique en petit dans sa petite ville. Il a étudié, il n'étudie même que cela, il sait à fond le genre de vivre et le montant du revenant net de chaque électeur bourgeois ; combien il a d'enfants mâles et majeurs à utiliser au service de quelque ministre, n'importe lequel ; combien de filles nubiles et en état, comme augment de dot, d'épouser un fonctionnaire. On vous place les doigts du pauvre homme sur le clavecin des emplois, et c'est bien de hasard s'il ne rencontre pas la note : bureau de poste, recette d'hospice, *admittatur* de greffe, secrétariat de mairie, suppléance de tribunal, inspection de nourrices, surveillance d'égouts, allumage de reverbères, factage de halles, conciergerie de prisons, agence de voirie, agence de police, économat d'hôpitaux, architecturat et bibliothécariat de ville, surnumérariat d'enregistrement, de droits réunis, de contributions, échanges, cessions et facilités de toute sorte d'emplois. Il faut une vertu de Caton pour résister à ces obsessions répétées, à ces études ingénieuses de vos paternelles faiblesses, à ces tentations dorées, argentées, cuivrées du démon ministériel.

Mais à qui voulez-vous que je m'adresse? dit le bourgeois à son sous-préfet.

— A qui? « — Levez les yeux au ciel! tombez, « rosées du budget, rosées salutaires et fertili- « santes, tombez du haut de l'empyrée! Grâces et « faveurs, coulez par le canal de notre candidat « qui sera aussi le vôtre, n'est-ce pas, mon cher « monsieur, mon brave électeur! »

C'est ainsi que la corruption suinte, comme un pus, à travers les pores du corps électoral, du ministère à la préfecture, de la préfecture à la sous-préfecture, de la sous-préfecture au canton, du canton à la commune. Un ministre se met en communication, par son télégraphe, avec le préfet; un préfet se met en instruction, par ses circulaires, avec le sous-préfet; un sous-préfet se met en action, par ses gendarmes, avec le maire ; un procureur du roi se met en réquisition, par ses cédules, avec messieurs les huissiers, messieurs les greffiers et messieurs les juges de paix de toutes les banlieues du ressort.

Si, depuis trente ans, l'on eût exécuté à la lettre le Code pénal, il eût fallu que, pour forfaiture et corruption, plus d'un ministre eût été mis en accusation devant les chambres ; que l'on eût traduit plus d'un préfet, plus d'un sous-préfet, et plus d'une espèce d'agent du gouvernement, devant le conseil d'Etat ; que plus d'un procureur du roi eût été dénoncé à la cour royale, et que plus d'un juge eût instruit son propre procès, et se fût condamné lui-même.

Quand la corruption personnelle ne donne pas, faute de sujets, on se rabat sur la locale. Un sous-préfet qui ne croit à rien, pas même au diable, vous promettra pour votre église un beau saint, un patron de village, bien conditionné, à l'huile. Il convoquera les électeurs ébahis au bord de la rivière, et il leur fera voir, en travers, l'image d'un pont. Aux cabaretiers, aux cafetiers, aux bouchers, aux hôteliers, aux herboristes, aux herbagers, aux herbivores, aux carnivores, non pas à tous, mais à ceux qui sont électeurs, bien entendu, il annoncera des bâtisses de casernes ; et tous ces braves gens croiront qu'il va leur arriver des régiments de bon appétit et de grande soif, pour consommer leur bière, leur vin, leur absinthe, leurs viandes et leur foin, et ils s'imagineront entendre déjà, dans le lointain, le son de la trompette et du tambour. Ces offres finissent toujours par le refrain ordidaire : Avec un député de l'opposition, vous n'obtiendrez rien, absolument rien !

C'est vrai ; mais si les députés de l'opposition n'obtiennent rien, le préfet n'obtient pas toujours grand'chose, non plus, de son député local.

Un mot, en passant, cher lecteur, sur cette joyeuse variété de législocrate qui s'intitule : le DÉPUTÉ LOCAL.

Le député local est le correspondant officieux du bédeau de sa paroisse et du sonneur de cloches de son clocher, le très-humble et très-obéissant serviteur de messires les électeurs, le commissionnaire breveté de mesdames leurs épouses, et le parrain de leurs enfants, plus les dragées.

Mais il a, en outre, le dédommagement et l'honneur d'être le tyran de Monsieur le préfet.

C'est une rude tâche pour un préfet de servir sous les ordres du député local. Pauvre homme qui a deux maîtres, son député et son ministre !

Le député local fait la pluie et le soleil dans son petit royaume de département. A l'avenant, le préfet dudit prend sa mine la plus gaie, lorsque son député est de belle humeur. Alors le département rit, boit, danse et s'amuse. Heureuses gens ! Mais le préfet prend sa mine la plus triste, lorsque son député n'est pas content. Il faut bien passer quelque chose à ce bon prince. Quelque chose ! dites donc tout. En administrateur soigneux, atten-

tif, habile, équitable, d'argent chiche, et qui en-
tend les affaires, et par-dessus cela indépendant, le
préfet, pour ne pas déplaire à son député, pour
lui plaire même, édifiera des ponts là où il sait
parfaitement qu'il n'y a pas d'eau dans la rivière;
il tracera des routes départementales en des lieux
qui se passeraient de chemins vicinaux; il créera
des emplois d'inspecteurs là où il n'y a rien à in-
specter; il placera le premier sur la liste des candidats, celui qui ne devrait être que le quatrième.
Que voulez-vous, il faut être agréable à son député,
quitte à être désagréable à son département, qui
finit par se fâcher, et à son ministre, qui finit par
écrire que les services se désorganisent, que rien
ne marche et n'avance. — Comment, rien ne marche et n'avance? si ce n'est les protégés locaux,
les chemins locaux et les petites affaires locales du
député local.

D'habitude, le ministre ajoute en post-scriptum,
que c'est certainement la faute du préfet si l'on
se plaint, qu'il a tort ou qu'il doit s'arranger

pour avoir tort ; mais que, pour le député local, c'est lui qui a évidemment raison, toute raison, puisqu'il vote si bien !

Le préfet peste et maugrée, et, la réélection survenant, il fait des efforts patents pour que *son* député passe, et des vœux secrets pour qu'il ne passe pas.

On agit aussi sur le fonctionnaire par l'intimidation, qui est une autre sorte de corruption ;

S'il est député, on étouffe son éloquence, on note ses réticences, on épie ses murmures ; on le façonne, on le détire, on le plie, on l'aplatit, on l'aligne, on le poste, on le cloue, on lui ôte l'œil, la voix, l'exclamation, le geste, le soupir, la volonté.

S'il est électeur, on le fait venir de cent lieues, à l'appel du doigt, comme un laquais. S'il est maire, on le mande dans l'arrière-cabinet de la sous-préfecture, pour lui parler, non d'administration, mais du bon candidat qu'il *faut* nommer, l'autre ne valant rien. Si le fonctionnaire a des subordonnés, on exigera qu'il agisse sur ses subordonnés. S'il a des frissons de conscience, s'il rougit, s'il pâlit, s'il doute et si l'on s'en aperçoit, on lui laissera volontiers à choisir entre ces trois choses, ou de ne pas recevoir d'avancement, ou de changer de poste, ou d'être destitué. Si, arrivé en vue du collége, on appréhende qu'il ne se conduise comme tout homme honnête et indépendant doit le faire, on lui commandera de feindre d'être subitement incommodé, pour qu'à sa prière, un autre électeur mieux portant, c'est-à-dire, plus sûr que lui, vienne écrire son vote. S'il l'écrit lui-même, il aura bien soin, lui ordonne-t-on, de mettre un signe récognitif et convenu, pour qu'à la lecture de son billet, on ne s'y trompe pas.

Aux yeux des intimidateurs, un fonctionnaire, quel qu'il soit, en robe, en écharpe, en ceinturon, en tricorne, en épaulettes, n'est qu'un paria, un commis de dictée, un planton de garde, un numéro d'ordre, un bulletin écrit d'avance, un chiffre d'addition, un automate, un valet, une machine, une borne, une griffe.

Et cependant, en matière de vote, le fonctionnaire électeur ne doit aucune sorte d'obédience à ses supérieurs, par les quatre bonnes raisons que voici :

Non, il ne vient point au collége électoral par la permission et la grâce de ses chefs, mais en vertu de la loi.

Non, il n'est plus, lorsqu'il vote, commis, juge, officier; il est citoyen.

Non, il n'accomplit pas, lorsqu'il vote, un acte de sujétion hiérarchique et passive, mais une fonction de conscience civique.

Non, il n'est pas, lorsqu'il vote, l'homme-lige, le salarié, le servant du ministère, mais le mandataire légal de 175 personnes.

J'ai dit aussi que la corruption agissait sur le Budget; car elle se nourrit par l'impôt : donc, plus il y a de corruption. plus il y a d'impôt.

Véritablement, comme les députés à corrompre ne trouvent jamais qu'on leur donne assez, et que les électeurs à corrompre prennent de toutes mains, il faut, d'une part, augmenter le salaire des emplois existants, et, d'autre part, créer de nouveaux emplois. Pour créer de nouveaux emplois et pour augmenter ceux qui existent, il faut avoir de l'argent. Or, quand on n'a pas d'argent à soi ou qu'on ne veut pas donner le sien, il faut prendre celui des autres. Celui des autres, messieurs les électeurs, c'est le vôtre, qu'on demande et qu'on prendra, puisque vous ne vous souciez pas apparemment de votre intérêt ni de celui des 175 personnes que chacun de vous représente, et puisque vous trouvez tout naturel que de folles dépenses se fassent, que notre budget de 1500 millions, se gonflant encore, vous écrase de plus en plus, et que la corruption des contributions engendre la corruption des contribuables.

Et de même que la corruption électorale et

parlementaire pousse à l'excès l'indignation de la parole, ne craignez-vous pas non plus qu'elle ne pousse à l'excès l'indignation de la Presse? Ne craignez-vous pas que les journaux de l'opposition, provoqués, irrités, mis à bout par les spectacles de démoralisation qui s'étalent effrontément sous leurs yeux, ne passent les bornes, et ne s'emportent jusqu'à dire qu'il n'y a pas un seul député ministériel, ni pas un seul candidat ministériel qui ne soit tarifé à tant; qui n'ait faussé sa parole, violé la liberté, renié son Dieu, son père et sa mère, et ses cousins; qui ne veuille être garde champêtre, avocat général, pair de France, ambassadeur, ministre, peut-être plus; qui ne soit père ou près de l'être, et qui n'ait à pourvoir sa progéniture mâle d'un bon emploi, et sa progéniture femelle d'un bon gendre, avec un emploi aussi, par-dessus le marché; qui ne se roule et ne se vautre dans les eaux grasses du budget; qui ne s'accroche, comme un groom, aux basques des ministres; qui ne piétine de ses

deux ta'ons sur les vertus cardinales de la liberté, de l'égalité et de la fraternité; qui n'ait fait et
parfait avec l'Angleterre, un petit traité secret
d'alliance offensif et défensif, sentant sa traîtrise
et félonie de plus d'une lieue ; qui ne s'apprête,
le renégat ! l'infâme! à ouvrir, de nuit, nos portes
et nos forteresses, pour que l'ennémi mette
son vilain pied chez nous; qui ne soit un pro-
metteur de promesses à fausser sa signature, un
rétrograde à soupirer après la féodalité et la cor-
vée, l'esclavage et la censure, la maîtrise et la ju-
rande, le guet et le gibet; un vil ambitieux à re-
paître d'or, de pouvoir et d'honneurs ; une borne
à s'implanter carrément dans la boue; un crétin
à ne pas savoir distinguer sa main gauche de sa
main droite; un caniche à barboter dans les ma-
res ; un drôle sans conscience et sans courage,
au-dessous du mépris et des soufflets.

De leur côté, les feuilles du pouvoir préten-
dront que les orateurs et les écrivains de l'opposition, ne cherchent pas à renverser le ministère,

mais le gouvernement ; que leurs discours et leurs pamphlets servent de bourre aux fusils tirés contre le roi ; qu'en dehors des conservateurs, il n'y a que des niais incapables de gouverner, ou des révolutionnaires capables de tout détruire ; que les libéraux ont tous des esprits hébétés, des fonds d'âmes noirs comme de l'encre, des instincts féroces et des figures patibulaires ; que le pays n'en veut plus, qu'il en est las, abêti, dégoûté, et qu'ils lui sont en pitié, lorsqu'ils ne lui sont pas en horreur ; qu'ils font les modestes jusqu'à ce qu'on leur passe au cou des chaînes d'honneur ; les vertueux, jusqu'à ce qu'ils aient trouvé qui les tente ; les désintéressés, jusqu'à la montre d'une grosse somme d'or, et les détachés de toute ambition, jusqu'à l'offre d'un portefeuille ; non pas vendus, s'ils ne font que d'arriver en foire, mais tout prêts à se vendre et ne disputant que du quantum ; flatteurs du peuple dont ils tondraient la peau et courberaient la nuque au raz du pavé si, de ses valets qu'ils sont, ils devenaient ses maîtres ; falsificateurs de chiffres, arrangeurs de scandales, solliciteurs de dénonciations, compilateurs de faussetés, calomniateurs d'innocents, négateurs de Dieu, de la monarchie, de l'ordre, de la justice, de la propriété et de la famille ; perturbateurs systématiques de tout gouvernement qui n'est pas leur gouvernement ; minorité dévorée de cupidité, de haine et de vengeance, qui livrerait et sacrifierait les trésors de l'État à la soif haletante de son avarice, ses adversaires à sa colère et la France aux jeux sanglants de ses utopies ; gens de gauche, de centre gauche, d'extrême gauche et de droite, race ennemie, perverse et détestable, dont il est nécessaire de contenir les personnes, de brider la presse, d'étouffer les principes, et qu'il ne faut laisser pénétrer, à quelque prix que ce soit, et sous quelque nom que ce soit, ni dans les conseils du pays, à aucun degré, municipal, général ou parlementaire, ni dans les conseils de la couronne.

Y a-t-il de la vérité dans ce tableau respectif d'incriminations et de récriminations? C'est à nos lecteurs à le dire, mais est-ce la faute de la presse? Non, mille fois non! la faute, l'unique faute en est à cette corruption électorale et parlementaire, mise en système comme en pratique, que nous combattrons à outrance et qui entraîne fatalement hors de leurs voies naturelles, hors du débat des principes et sur le terrain des personnalités, les organes les plus sérieux du pays, les chambres, le ministère et la presse.

Nous, amis de la liberté fondée sur la morale, rendons plus de justice à nos adversaires politiques.

Si l'on rentrait, comme nous le voulons, dans la sincérité de l'institution représentative, eh! mon Dieu! nous serions les premiers à reconnaître, que de même qu'il y a un parti de l'opposition, il doit y avoir un parti de l'autorité; que ce parti est plus spécialement le défenseur de la discipline, de la hiérarchie et du pouvoir.

Ces deux partis se disputeront toujours la majorité dans les élections et dans les chambres; c'est l'antagonisme naturel, nécessaire, inévitable, la bascule perpétuelle, le triomphe alternatif des opinions dans nos sociétés modernes.

Mais il faut que ce régime soit libre; il n'en faut pas dénaturer le caractère, changer les conditions, gêner le jeu.

Le gouvernement représentatif est un gouvernement de sincérité, ou il est le pire des gouvernements. Or, le gouvernement représentatif gît, selon la Charte, dans la chambre des députés. La majorité, et je puis lui rendre cet hommage puisque je n'en suis pas, la majorité de la chambre est la pleine maîtresse des affaires, tellement que si, trois jours de suite elle rejetait trois projets de lois, il faudrait que les ministres vinssent, le quatrième jour, déposer à ses pieds leurs portefeuilles. Nous, gens de la minorité, nous ne demandons pas à cette majorité de ne pas être notre gouvernante, notre souveraine, notre maîtresse ; c'est là sa condition, c'est sa loi, c'est sa prérogative constitutionnelle ; nous ne lui demandons qu'une seule chose, d'être sincèrement la majorité. Nous le demandons au nom du pays qu'elle représente, au nom des ministres qu'elle appuie, au nom de l'opposition qu'elle combat, au nom de la couronne qu'elle doit guider dans ses choix, toujours d'après la Charte.

Mais, je le répète, il ne faut pas pour cela que les ministres interviennent, soit par eux-mêmes sur les députés, soit par leurs agents sur les électeurs.

Après la dissolution de la chambre, il ne leur reste plus que des pouvoirs d'interrègne, pouvoirs d'administration courante et de police. Il ne leur est pas permis d'entrer où siégent leurs juges. Ils doivent attendre à la porte des colléges, dans une respectueuse abnégation, le jugement du pays.

Allons plus loin, et mettons toute notre pensée au dehors.

Avec l'intervention ministérielle, que signifie-
rait la réforme, même la plus absolue ? oublie-t-on
que la France ne ressemble à aucun autre pays
de l'Europe, et que la fonctionomanie est le besoin de tout ce qui sait lire, écrire et chiffrer
couramment ? Quand vous entrez dans le salon
d'un bourgeois censitaire, quand vous l'abordez
sur la promenade, la première question que vous
lui adressez en lui prenant les mains, n'est-elle
pas celle-ci ? — Que ferez-vous de votre fils, de
vos quatre fils ? En d'autres termes, combien tou-
cheront-ils sur le budget de l'Etat ? Est-ce quel
centralisation que j'ai tant vantée, non pas dans
ce sens, Dieu merci, la centralisation inconnue du
reste de l'univers, n'échauffe pas de son souffle
puissant les langues vibrantes de la corruption
officielle ?

Je crois à la souveraineté du peuple, comme je
crois à Dieu. Je crois que le suffrage universel
direct, très-direct, est, pour tout homme logique, la conséquence forcée de mon principe :

mais si les ministres et leurs agents devaient in-
tervenir, mettez-moi le suffrage universel dans la
main, je jure que je ne l'ouvrirai pas !

Ce n'est donc pas assez pour vous, malheureux,
d'avoir corrompu la bourgeoisie ; vous voudriez
donc encore pervertir le peuple ! Est-ce que le
censitaire de la révolution de juillet, qui paye 200
francs, échappe à vos embûches plus que le censitaire de la restauration, qui payait 500 francs !
Est-ce que celui qui ne payerait que 100 francs,
que 50 francs, que 20 francs, qui ne payerait
que 1 franc, qui ne payerait rien, y échapperait
davantage ? Non, il n'y a pas de petit laboureur,
de petit artisan, de garçon meunier, de gâcheur
de plâtre, qui ne fût dans chaque commune suivi,
pressé, poussé, interpellé, entouré, circonvenu,
traqué, convié par le juge de paix, le greffier,
l'huissier, le percepteur et le garde champêtre
aux orgies du cabaret ; il n'y aurait, entre le censitaire et le manouvrier, que la différence du cham-
pagne à la piquette ; le gouvernement représentatif

descendrait dans les caves, et s'écoulerait miséra-
blement avec la lie des cruchons et des pots.

Non, point d'attouchement ministériel ni sur le
corps de la bourgeoisie, ni sur les membres du
peuple ! point de cette souillure !

Faisons voir, au contraire, quels seraient les
effets de la non-intervention sur les Partis politiques, sur les Électeurs, sur la Presse, sur les Fonctionnaires, sur les Ministres et sur la Couronne.

Et abrégeons.

Chacun des grands Partis politiques] qui divi-
sent la France et qui s'exagèrent leur nombre,
n'étant plus artificiellement gonflé ni comprimé
par l'intervention, serait réduit à sa juste valeur
et représenté dans les élections et à la chambre,
selon ses véritables proportions.

Les Électeurs, refoulés dans leur conscience,
sauraient qu'ils vont chacun, non pas en leur nom
propre seulement, mais au nom de 175 personnes

dont ils sont implicitement les mandataires, prononcer le verdict national, entre le candidat du parti de l'autorité et le candidat du parti de l'opposition, comparaissant tous deux au pied de leur tribunal, avec leurs œuvres et leurs doctrines.

Les électeurs seraient les grands jurés de la France dans les assises des élections, n'ayant en vue que l'ordre, la liberté, la prospérité, l'indépendance et la grandeur de leur pays.

Ils ne vendraient plus leur suffrage dans l'intérêt, ou de leur personne, ou de leur famille, ou de leur village, ou de leur département ; l'honnêteté et le désintéressement des mœurs antiques rentreraient dans les familles de la bourgeoisie censitaire qu'une effroyable corruption corrode et décompose.

La Presse du pouvoir et la presse de l'opposition ne se laisseraient pas emporter aux excès des incriminations et des récriminations personnelles ; elles n'étaleraient pas chaque matin, aux yeux de l'Europe étonnée, le spectacle incompréhensible et ridicule du même candidat décoré par l'une des vertus les plus pures, et souillé par l'autre des vices les plus abjects : là traître, ici fidèle ; là flambeau de vérité, ici masque de tartuferie ; tour à tour prince des orateurs, génie d'affaires, roi de l'esprit, ou bègue, idiot et crétin ; elle trouverait le temps d'avoir souci du peuple dont tout le monde parle et dont personne ne s'occupe : il n'y aurait vraiment pas de mal à cela.

L'Administration et ses buréaux, les préfets, les sous-préfets et autres agents, respireraient du joug insupportable que font peser sur eux les exigences sottes et la domination tracassière du député local.

Le député local lui-même ne serait plus le valet d'affaires de *ses* électeurs, ni le tyran officiel de *son* préfet. Il n'entreprendrait plus la fourniture. Il ne ferait plus la commission. Il se dispenserait même d'être parrain. Il laisserait les femmes accoucher sans qu'il s'en mêlât, les curés dire leur messe et les maires administrer, et il se contenterait de n'être plus tout simplement que le député de la France. *Son* préfet n'en serait pas du tout fâché.

A son tour, le préfet, débarrassé de son député à obéir, et de ses électeurs à gagner, s'occuperait un peu plus de son département, des chemins à ouvrir, des rivières à creuser, des écoles à construire, des pauvres à soulager, de l'agriculture à répandre, des prisons et des hospices à assainir, du commerce à déboucher, de la justice administrative à rendre, de la moralité publique à remettre en honneur et sur pied.

Les nominations, ainsi que les avancements, ne se feraient plus dans l'intérêt puéril d'une ambition vulgaire, mais dans l'intérêt légitime et raisonné des besoins du service.

L'élection des Fonctionnaires étant laissée à son cours naturel, au lieu d'être, comme aujourd'hui, précipitée et forcée, on ne les verrait plus arriver à la chambre que dans un nombre en juste rapport avec les besoins de la législature.

Ils n'y viendraient plus marqués au front du

stigmate des ministres, comme des serviteurs de leur bon plaisir et prédestinés aux volontés de leur maître, mais comme des députés libres et dévoués par leur propre conviction, au triomphe d'un principe.

Les Fonctionnaires de tout grade qui sont électeurs ne seraient plus obligés de ruser pour faire leur devoir, tantôt avec l'opposition, tantôt avec le ministère, et d'accourir, du plus loin qu'ils l'entendent, au premier coup de sifflet.

Plus d'un sous-préfet et d'un préfet, ne passerait pas une bonne partie de l'année, en intrigues électorales, en espionnage d'opinions, en pointage de listes, en *à parte* de recrutement, en promesses, en menaces, en tentatives de corruption, en études de toutes les faiblesses, de toutes les appétences, de toutes les ambitions, moyennes et petites, des pères de famille et des employés. Métier lâche et dégradant qui rabaisse le pouvoir, qui énerve les mœurs de la bourgeoisie, qui provoque les capitulations de conscience, qui fait de chaque vote un marché, et de chaque élection réussie un bon à valoir sur une préfecture, une inspection, une jugerie, une épaulette de plus, une recette de plus, un grade quelconque de plus, et qui prépare, avec l'envahissement du matérialisme politique, la rapide chute et la plate ruine de nos institutions.

Quant aux Ministres, ils ne se présenteraient plus dans l'arène parlementaire, que le pied libre et le front levé, à la tête d'une majorité qu'ils n'auraient ni composée, ni achetée, ni flétrie, ni manipulée, ni enrégimentée, ni corrompue; qui les aurait faits ce qu'ils sont, qui les aurait choisis, pris par la main et amenés devant la Couronne, comme les représentants les plus éminents de ses principes, comme les organes du vœu national, comme les agents suprêmes et les exécuteurs désignés des lois qui doivent assurer la gloire, la prospérité et la grandeur de l'empire.

Alors les ministres seraient doublement forts

contre les imprudences et les fantaisies de la ca-
marilla, et contre les agressions injustement
hostiles de la minorité; doublement forts du
choix implicite de la majorité, de son indépendance politique et de la fermeté systématique et
consciencieuse de ses résolutions.

C'est alors qu'on ne verrait plus les trois quarts
de la session se passer en biographies rétrospec-
tives, en histoires d'avant le déluge, en scandales
de clochers, de boutiques et de pots-de-vin, en jets
de souillures électorales, qui, toutes lavées qu'elles
soient, n'en laissent pas moins leur tache sur
l'habit brodé du ministre, et font crier après lui
les passants, lorsqu'il monte en carrosse et qu'il
retourne à son hôtel.

Quant au Pays, tant électoral que non électoral,
il obéirait d'autant mieux aux lois, il seconderait
d'autant mieux les ministres, il payerait d'autant
mieux les impôts, qu'il saurait que ces lois ont

été faites, ces ministres indiqués, et ces impôts votés par une chambre libre, indépendante et sincère.

Voilà l'intérêt du pays, voilà son vœu, voilà son droit.

La Couronne n'a-t-elle donc pas le même intérêt? Que lui importent à elle, qui, d'après la Charte, doit trôner immobile dans l'enfoncement de son inviolabilité sacrée, tous ces ministres dont le nom, la figure, la personne et les systèmes changent et se renouvellent sans cesse? Pourrait-elle être moralement responsable soit de leur choix, soit de leurs actes, si le ministère sortait librement d'une majorité parlementaire, sortie elle-même d'une élection libre ? .

Peut-il y avoir pour la Couronne une position plus constitutionnelle, plus haute, plus désintéressée, plus éclatante, plus sereine, plus à l'abri de tout soupçon, de toute insinuation, de toute attaque et de tout orage ?

J'ai tracé les deux routes.

L'une et l'autre, messieurs les électeurs, s'ouvrent devant vous.

L'une mène à l'anarchie par la dégradation des principes et par la convoitise des personnes.

L'autre ramène à la vérité sévère et pure du gouvernement représentatif.

C'est le chemin des honnêtes gens.

Choisissez.

Chacun, en ce moment, vous flatte et se met humblement à vos genoux. Je ne le ferai pas. Je crois vous honorer davantage en vous disant, en vous répétant une vérité qu'on ne saurait vous dire et vous répéter trop de fois.

Vous n'êtes pas nés électeurs, messieurs ! vous n'avez pas reçu de vos pères, en venant au monde, la souveraineté héréditaire de notre glorieux pays. Vous n'êtes que les mandataires officiels et transitoires de tous les citoyens qui devraient élire et qui n'élisent pas. Sachez-le bien, et faites-le voir en ne votant pas comme si vous n'étiez que les représentants de votre pigeonnier, ou comme si vous preniez pour le grand étendard de la France, le coq de fer-blanc qui perche sur le clocher de votre endroit !

Oserez-vous lutter avec la corruption, avec cet ennemi que vous portez en vous-mêmes, peut-être ! Attaquerez-vous ce mal ancien, profond, latent, intense, cette paralysie sourde, cette gangrène molle qui ronge le cœur et les intestins de la France? Ne tomberez-vous pas en de lâches défaillances ; aurez-vous vos esprits assez fermes, aurez-vous la main assez sûre, lorsqu'il vous faudra mettre le feu, trancher avec l'acier, couper au vif et jusqu'à l'os, dans ces amas de chairs purulentes que les vers de la corruption dévorent ? L'oserez-vous ?

TIMON.

Imp. Schneider et Langrand, rue d'Erfurth, 1.

DEUXIÈME ÉDITION.

DICTIONNAIRE POLITIQUE,

Encyclopédie

DU LANGAGE ET DE LA SCIENCE POLITIQUES,

PAR UNE RÉUNION

de Députés, de Publicistes et de Journalistes,

avec une introduction

PAR GARNIER-PAGÈS.

Publié par E. Duclerc et Pagnerre.

Un volume grand in-8 jésus vélin, de près de 1.000 pages à deux colonnes, contenant la matière de 12 volumes in-8 ordinaires, orné du portrait de GARNIER-PAGÈS sur chine.

Prix : 20 francs.

Le Dictionnaire politique est aussi publié en 40 **livraisons.** Chaque livraison contient 24 pages ou 48 colonnes.—Il paraît une livraison tous les samedis.

Prix : 50 centimes la livraison.

Il y a des exemplaires élégamment et solidement reliés.

LE DICTIONNAIRE POLITIQUE est tout à la fois le *manuel* et le *guide* du citoyen, du fonctionnaire public, du diplomate, du publiciste, de l'électeur, du député, de l'homme du peuple aussi bien que des premiers magistrats de l'État : cet ouvrage est pour la science politique ce que fut pour les sciences exactes et philosophiques la grande Encyclopédie du dix-neuvième siècle.

M. Cormenin.

DROIT ADMINISTRATIF, 6ᵉ édition, revue, augmentée, et précédée d'une introduction. 2 forts vol. in-8 grand raisin.

(Sous presse pour paraître à la fin de l'année.)

ÉTAT DE LA QUESTION. Pamphlet publié lors des élections générales de 1839. In-32.   50 c.

UN MOT sur le pamphlet de police intitulé : *La Liste civile dévoilée* (1837). In-32.   25 c.

CONCLUSUM sur la même question.   15 c.

LE MAITRE D'ÉCOLE. 16 pages in-32 vélin, avec deux jolies vignettes. 3 fr. le cent.   L'ex. : 5 c.

MÉMOIRE SUR L'EMPOISONNEMENT PAR L'ARSENIC. In-8.   1 fr.

Timon.

DE LA CENTRALISATION. Un volume in-32, jésus vélin, deuxième édition.   1 fr. 25

Cet écrit est une des productions les plus remarquables de Timon.

LES DEUX DERNIERS PAMPHLETS DE TIMON SUR LA DOTATION (18ᵉ édition), suivis de la note *du Moniteur* et des discours de MM. Lherbette, Guizot et Dupin ainé, 1 vol. in-32.   75 c.

AVIS AUX CONTRIBUABLES (Juin 1842). In-32.   50 c.

2ᵉ AVIS AUX CONTRIBUABLES *ou* RÉPONSE AU MINISTRE DES FINANCES. In-32.   25 c.

LA LÉGOMANIE (Avril 1844). Un vol. in-32.   75 c.

OUI ET NON au sujet des Ultramontains et des Gallicans. 16ᵉ édition. 1 vol. in-32.   75 c.

FEU ! FEU ! (réponse aux adversaires de *Oui et Non*), 17ᵉ édition. In-32.   75 c.

ENTRETIENS DE VILLAGE. 1 vol. in-32.   1 fr. 50 c.

Sous presse.

PAMPHLETS DE TIMON, *nouvelle édition*, imprimée avec luxe sur papier *grand jésus vélin* (*même papier, même format, même impression que le livre des* ORATEURS). Un magnifique volume in-8° de plus de 700 pages.   15 fr.

Cette édition contiendra tous les pamphlets de Timon publiés depuis 1830 en petit format et qui sont presque tous épuisés. Elle contiendra en outre plusieurs pamphlets inédits.

LIVRE DES ORATEURS,
PAR TIMON.
14e Édition

Contenant deux fois plus de matières que les éditions en
petit format.

ILLUSTRÉE PAR 27 MAGNIFIQUES PORTRAITS,

peints d'après nature ou empruntés à nos grands maitres,

ET GRAVÉS SUR ACIER PAR L'ÉLITE DE NOS ARTISTES.

1 vol. in-8 de 600 pages, imprimé avec luxe par SCHNEIDER
et LANGRAND, sur papier grand jésus vélin glacé. PRIX : 15 fr.

Id. épreuves sur Chine avant la lettre. 21 fr.
Id.   *Id.*   *Id.*   avec la lettre. 18 fr. 50
Id.   *Id.*   sur blanc avant la lettre. 18 fr. 50

Le Livre des Orateurs est aussi publié en 30 livraisons ;
il paraît une livraison tous les samedis.
Prix : 50 c. la livraison.
75 c.   *Id.*   sur papier de Chine avant la lettre.

Il y a des exemplaires élégamment et solidement reliés.

LISTE des VINGT-SEPT PORTRAITS.	NOMS des PEINTRES ET DES GRAVEURS.
Mirabeau, Danton, Napoléon Bonaparte, Manuel, De Serre, de Villèle. Foy, Martignac, Royer-Collard, Benjamin Constant, Guizot, Thiers, Berryer, Fitz-James, Casimir Périer, Dupin ainé, Sauzet, Lamartine, Mauguin, Odilon Barrot. Garnier Pagès, Lafayette, Laffitte. Arago, Jaubert, O'Connell, et celui de l'Auteur.	Ch. Blanc, Bosselman, J. Caron, Calamatta, David (le peintre), David (le statuaire), P. Delaroche, Drolling, Gianni, Giroux, Goutière, Gros, Hersent, Jeanron, C. Jacquemin, Laderer, Marckl, Nargeot, Panier, Robertson, Rouillard, A. Scheffer, H. Scheffer, Vallot, H. Vernet. Wälter-Haber, Wolf. Mesd. de Mirbel et de Montfort

NOTA. Il a été tiré 50 exemplaires de chaque portrait sur
format in-4° (27 centimètres sur 35) jésus papier de Chine
avant la lettre et avec la | Prix avant la lettre.. 1 fr. 25
lettre, épreuves d'artistes. | avec la lettre.. 1 fr. »

M. Lamennais.

ESQUISSE D'UNE PHILOSOPHIE. 4 beaux et forts volumes in-8. 30 fr.
Le tome quatrième se vend séparément. 7 fr. 50 c.
L'ouvrage est aussi publié en 12 livraisons à 2 fr. 50 c.
On peut retirer — par livraison — ou l'ouvrage entier.

AMSCHASPANDS ET DARVANDS (le cadre de ce livre est emprunté à la cosmogonie persane. Les *Amschaspands* sont les génies du bien et les *Darvands* les génies du mal). 5e édition. 1 vol. in 8°. 6 fr.

DISCUSSIONS CRITIQUES SUR LA RELIGION ET LA PHILOSOPHIE (1841). 1 beau vol. in-8. 5 fr.

LE LIVRE DU PEUPLE. Nouvelle édition augmentée d'une préface, et imprimée avec luxe. 1 vol. in-8. 2 fr. 50 c.
Le même, 1 joli vol. in-32, jésus vélin. 7e édition. 1 fr. 25 c.

PAROLES D'UN CROYANT. Nouvelle et très-jolie édition. 1 vol. in-32. 75 c.
Le même. 1 vol. in-8. 2 fr. 50 c.

POLITIQUE A L'USAGE DU PEUPLE. 2 v. in-32. 2 fr. 50 c.

DE L'ESCLAVAGE MODERNE. 4e édit. 1 vol. in-32. 75 c.

QUESTIONS POLITIQUES ET PHILOSOPHIQUES (articles de l'*Avenir*). 2 vol. in-32. 2 fr. 50 c.

DE LA RELIGION (1841). 1 vol. in-32. 1 fr. 25 c.

DU PASSÉ ET DE L'AVENIR DU PEUPLE (1841) 1 vol. in-32. 1 fr. 25 c.

UNE VOIX DE PRISON (Ste-Pélagie, 1841). 1 vol. in-32. 75 c.

SERVITUDE VOLONTAIRE. In-8. 1 fr. 50 c.

PROCÈS DE M. LAMENNAIS, à l'occasion de l'écrit intitulé : *le Pays et le Gouvernement.* Relation complète, 1 vol. in-8. 1 fr.

LES EVANGILES,

traduction nouvelle, avec des notes et des réflexions à la fin de chaque chapitre,

ILLUSTRÉS de 10 magnifiques *gravures sur acier.*

UN VOLUME IN-8,

publié en 20 livraisons à 50 centimes.

Le même. 1 fort volume in-18 *format anglais,* sur beau papier. 3 fr. 50 c.

OEUVRES COMPLETES
DE F. DE LAMENNAIS.

Beaux volumes in-18, grand jésus vélin, format des biblio-
thèques Charpentier. Ch. Gosselin, etc.

Tous les ouvrages de M. Lamennais seront successivement publiés dans
le format de cette nouvelle édition, *la seule véritablement complète*.

Les volumes suivants sont en vente.—Chaque volume se
vend séparément.

PRIX : 3 FR. 50 C. LE VOLUME.

Tome 1 à 4. — ESSAI SUR L'INDIFFÉRENCE EN MATIÈRE DE RE-
LIGION.

— 5 — REFLEXIONS SUR L'ÉTAT DE L'ÉGLISE. — DE LA
RELIGION CONSIDÉRÉE DANS SES RAPPORTS AVEC
L'ORDRE POLITIQUE. — *Liberté d'enseignement.*

— 6 — PROGRÈS DE LA RÉVOLUTION ET DE LA GUERRE
CONTRE L'ÉGLISE.

— 7 — *Du catholicisme dans ses rapports avec la
société politique.* — QUESTIONS POLITIQUES ET
PHILOSOPHIQUES (articles publiés dans le jour-
nal l'*Avenir*). — *De l'absolutisme et de la
liberté.—De l'ignorance.—Liberté religieuse.*

— 8 — AFFAIRES DE ROME. — *Des maux de l'Église
et de la société.*

— 9 — POLITIQUE A L'USAGE DU PEUPLE. — *Esclavage
moderne. — Mélanges philosophiques et litté-
raires — De la servitude volontaire.*

— 10 — PAROLES D'UN CROYANT. — LIVRE DU PEUPLE. —
UNE VOIX DE PRISON.

NOTA. Les dix volumes a la fois 30 fr. au lieu de 35 fr.

M. Louis Blanc.
RÉVOLUTION FRANÇAISE,
HISTOIRE DE 10 ANS,
1830—1840.

CINQUIÈME ÉDITION,
ILLUSTRÉE

De 25 magnifiques gravures sur acier, 12 sujets dessinés par
Jeanron, 12 portraits des célébrités contemporaines, et le
portrait de l'Auteur, dessiné par MERCURI et gravé par
François. 5 beaux vol. in-8, publiés en 50 livraisons.

Prix : 5 fr. le vol.; 50 c. la liv.

ORGANISATION DU TRAVAIL
1 vol. in-18 jésus, 4e édition. — 1 fr. 50 cent.

ŒUVRES COMPLÈTES DE M. DE LAMARTINE.

Nouvelle édition. 8 vol. in-18, format anglais, papier jés vélin. — *Chaque volume se vend séparément.*

MÉDITATIONS POÉTIQUES, 1 vol.   3 fr.
NOUVELLES MÉDITATIONS POÉTIQUES, 1 vol. 3 fr.
HARMONIES POÉTIQUES, 1 vol.   3 fr. 5
RECUEILLEMENTS POÉTIQUES, 1 vol.   3 fr. 5
JOCELYN, 1 vol.   3 fr.
VOYAGE EN ORIENT, 2 vol.   7 fr.
CHUTE D'UN ANGE, 1 vol.   3 fr. 5

ŒUVRES COMPLÈTES DE M. DE LAMARTINE.

Edition in-8º sur papier grand cavalier vélin, ornée d'u magnifique portrait de l'auteur par Henriquel-Dupont, et de 20 vignettes gravées sur acier. 8 vol.   50 fr

ŒUVRES POÉTIQUES DE M. DE LAMARTINE.

Edition grand in-32, papier jésus vélin.

LES MÉDITATIONS, 2 vol.   4 fr
LES HARMONIES, 2 vol.   4 fr
JOCELYN, 2 vol.   4 fr
LA CHUTE D'UN ANGE, 2 vol.   4 fr.
RECUEILLEMENTS POÉTIQUES et MÉLANGES
  POÉTIQUES, 2 vol.   4 fr.

Chaque ouvrage se vend séparément.

JOCELYN,

PAR M. DE LAMARTINE.

Edition keepsake, avec une nouvelle préface de l'auteur et une introduction par Jules Janin. 1 vol. in-8 papier jésus vélin, orné de grandes vignettes, têtes de pages, culs-de-lampe, fleurons, etc., gravés sur bois d'après les dessins de MARCKL.   12 fr.

Complément de la première édition illustrée de Lamartine, EN TREIZE VOLUMES.

Tomes 11 et 12 : CHUTE D'UN ANGE.

Tome 13 ; RECUEILLEMENTS ET MÉLANGES.